AF461671

à Changements de Clefs

avec Accompagnement

DE

PIANO

Composés

et Dédiés à Monsieur

D. F. E. AUBER

Membre de l'Institut, Directeur du Conservatoire
Royal de Musique et de Déclamation, Officier de la Légion d'Honneur.

Par

LÉONCE COHEN.

PRIX: 9f

Paris, au Conservatoire, chez le Surveillant des Classes, F.g Poissonnière, 11.
AU MÉNESTREL, *2 bis, rue Vivienne, maison* A. MEISSONNIER et HEUGEL. (Heugel Succr.)

1845

PRÉFACE

Le but de cet ouvrage est d'offrir quelques changements de clefs de plus, aux élèves qui concourent au conservatoire pour le prix de solfège, et qui, ayant épuisé tout ce que l'on a fait dans ce genre ont l'habitude de mettre sur plusieurs clefs des leçons qui ne sont écrites que pour une seule, étude qui ne leur profite guère attendu qu'ils connaissent ces leçons presque par cœur. J'ai multiplié à dessein les difficultés, pour habituer les élèves à les vaincre, afin qu'aux jours solemnels des concours, l'émotion qui paralyse toujours une partie de leurs moyens, n'ait point trop de prise sur eux.

Mes intentions ainsi expliquées, personne, j'en suis certain, ne me supposera la folle prétention d'avoir voulu lutter avec les savants professeurs qui ont fait des solfèges de ce genre.

Le bienveillant patronage de l'honorable directeur du conservatoire de Paris, qui occupe un rang si élevé et si brillant dans l'art musical, me fait espérer que j'obtiendrai aussi le suffrage des professeurs de solfège, qui auront droit à toute ma reconnaissance s'ils veulent bien me signaler les fautes que ma jeunesse et mon inexpérience ont pu me faire commettre.

LÉONCE COHEN

SOLFÈGES

À CHANGEMENTS DE CLEFS

No 1.

8a
ff
ff
pp
crescendo
risoluto.
ff

sempre diminuendo
p
pp
ppp
mf
ff
ff
ff

Tempo di minuetto. (152= ♩)
Nº 2.

un poco più animato.
cres - cen - do.

Risoluto. (112 = ♩)
f
Nº 3.

Leggiero. (126 = ♩)
Nº 4.
p
p
rit.
Iº Tempo.
p

p
cres
ff
p
ff
p
p

Tempo di minuetto (152 = ♩)
ff
No. 5.
ff
p
f
p
f
p
f
p
f
p
f
p
f
ff
f

p
pp
p
pp
ff
ff
f

Moderato (104=♩)
Nº 6.
p
piu mosso.
1re Variation.

p

p

2e Variation.

(112 = ♩)
Nº 7.

p
pressez un peu.
crescendo
f
1.er Tempo.
p
f
f
f

Tempo di Valzera (63 = 𝅗𝅥.)
Nº 8.
p
f
f

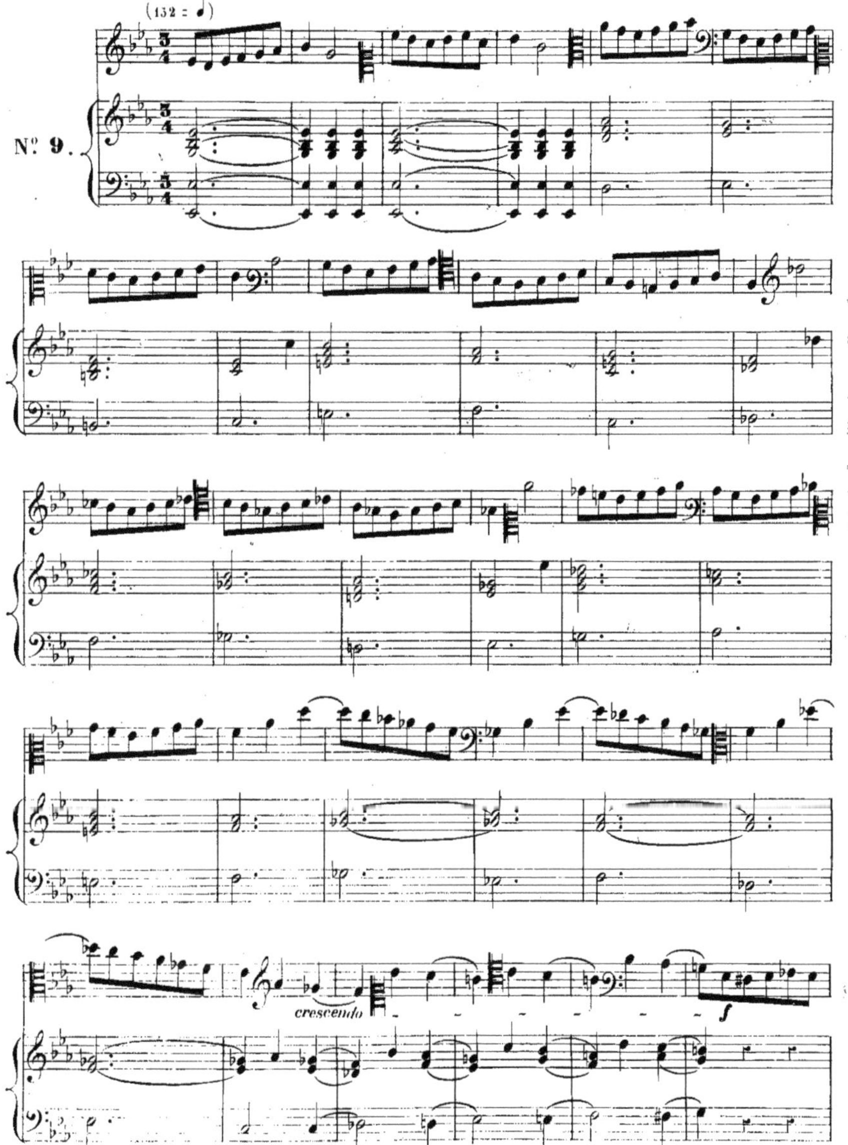
(152 = ♩)
Nº 9.
crescendo
f

ff
ff
cres
ff
f
f
ff
ff

pp
pp
p
cresc
f
ff

Allegro (63 = ♩.)
Nº 10.
p

cresc.
f
p
ff
pp
pp
f
f
f
f
f
f
f
f
f
f
f

Allegro risoluto. (112=♩)
N°41.
f
f

agitato.
f risoluto.
ff un poco più animato.
CODA.

Tempo di polacca. (116 = ♩)

N° 12.

p
p

rit - - -
1º Tempo.
mf
f
ff
ff

Risoluto(112 ♩.)
N° 13.
f
ff
ff

Risoluto (112=♩)

Nº 14.

f

Allegro (116 = ♩)
Nº 15.

Mêmé mouvt
p

pp
crescendo
f
f
f
f
ff
ff
ff

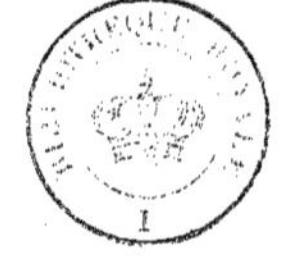